AF282029

Valverde

José Javier Jiménez Barrera

Valverde

Primera edición: 2024

ISBN: 9788410410398
ISBN eBook: 9788410410862
Depósito legal: SE 2476-2024

© del texto:
José Javier Jiménez Barrera

© del diseño de esta edición:
Caligrama, 2024
www.caligramaeditorial.com
info@caligramaeditorial.com

Impreso en España – Printed in Spain

Quedan prohibidos, dentro de los límites establecidos en la ley y bajo los apercibimientos legalmente previstos, la reproducción total o parcial de esta obra por cualquier medio o procedimiento, ya sea electrónico o mecánico, el tratamiento informático, el alquiler o cualquier otra forma de cesión de la obra sin la autorización previa y por escrito de los titulares del *copyright*. Diríjase a info@caligramaeditorial.com si necesita fotocopiar o escanear algún fragmento de esta obra.

Ábreme la puerta

Ábreme la puerta.
Quiero entrar en tus ojos negros,
caminar por las calles solitarias
y desiertas dentro de tus ojos negros.

Ábreme la puerta.
Quiero llegar al alma, corazón
y sueños de tus ojos negros...
Y abrazarlos todo el tiempo.
Ábreme la puerta.

Acariciar

Acariciar tu piel
y sentirte mujer.
Penetrar en tu aliento,
sentir tu calor
y el pálpito de tu corazón...

Y en un momento de cielo
te entrego mi cuerpo.
Tu pecho en mi pecho...
Y mi alma en tus ojos latiendo.

Al mirar tus ojos

Eres la imaginación que no alcanzo,
el aire alrededor de mis sueños.
Sentir en mi piel
la brisa de tu beso...
Y sentir entre mis brazos
el calor de tu cuerpo.
Y al mirar tus ojos,
vi mi corazón fuera de mi pecho.

Bajo el paraguas

Caminamos bajo un paraguas,
entre la lluvia y la oscuridad.
Caminamos con el agua,
sin miradas, sin palabras.
Porque bajo el paraguas,
solo juntos,
entre la lluvia y la oscuridad,
somos uno, nada más.

El amor es negro

El amor es negro,
como el silencio
de tu pelo negro,
como las sombras
que me abrazan tu recuerdo.
El amor es negro
como el vestido de la noche,
como tu mirada,
como tus ojos negros
cuando me dicen te quiero...

El silencio de la Plaza Mayor

Ahora reunidos en la plaza mayor,
el silencio, tú y yo.

Al final de una noche de recuerdos y silencio
queda el amor,
que se acuesta en mi cama,
que camina en mis sueños...
Que me entrega el aire
de mi respiración.

El silencio del camino

Camino hacia mañana,
con el silencio de la lluvia
sobre mi paraguas,
alrededor de la oscuridad
de la madrugada.

Camino hacia tus ventanas
para sentir entre mis brazos tu cuerpo...
Abrazarte fuertemente y decirte te quiero.
Y ver tu mirada en mis pensamientos.

Camino hacia el espejo de tus ojos,
hasta llegar a la puerta de tu corazón.
Mujer, si quieres me quedo en tu pecho...
Cerca de tu aliento, cerca de tu voz.

El sonido del agua

Tras el cristal de mi ventana,
el sonido del agua me relaja,
y abraza mi mente y mi almohada.
Sigue lloviendo...
La noche es larga.

En mi pecho ya no hay sangre,
solo lágrimas.
Por esta noche que siento,
palabras que no oigo
y soledad que padezco.
Ahora en mi pecho te requiero.

Camino hacia el espejo de tus ojos.
Hasta el fondo de tu voz.
Ahí me quedo, instalado en tu corazón.

El sonido del aire

Soledad en las puertas
y en las ramas desnudas
de los árboles dormidos.
Sopla el viento
en la sombra de las esquinas.
Calles solitarias,
silencio, oscuridad y frío.

Camino con tu bufanda...
Ya no hay invierno en mi garganta.
Calor para mis manos
y un nuevo sol en mi casa.

Camino hacia la sombra de tu imaginación,
hacia tus recuerdos, tus sueños,
hacia el espejo de tus ojos.
Hasta la puerta de tu corazón.

En tu abrazo me entregas
la sangre de tu pecho,
todo el sabor de tu cuerpo
y el cielo de tus sueños.

En tu beso me entregas
el latido de tus labios,
la aurora de tus horas
y el aire de tu aliento.

Tú permaneces
en cada latido de mis pupilas.
Siempre. Siempre.

El sonido del camino

Camino hacia mañana,
con el silencio de la lluvia
sobre mi paraguas,
alrededor de la oscuridad
de la madrugada.
Camino hacia mi casa...

Después de mis lágrimas sobre la almohada,
vuelvo a mis sueños...
Sentir entre mis brazos tu cuerpo.
Abrazarte fuertemente y decirte te quiero.
Porque tú eres el corazón de mi cielo.

El viento del amor

Desabrochar mi pecho,
y desnudo mi corazón
salir a tu encuentro,
con el viento de la emoción
que siento cuando te veo.
Llegar a la puerta de tu nombre,
decir te quiero,
y sentir tu mirada
más allá de mis ojos...
Más allá.

En la sombra de la noche

La soledad está en el aire,
y en el silencio
de cada puerta,
de cada calle...
Y en la sombra de la noche
estoy esperándote.

Mujer, me preguntaste una vez:
¿qué es el amor?, ¿qué es eso?
Pregunta a mi corazón,
que late en tu pecho...

En silencio

Me gusta oír la lluvia en silencio.
Me gusta oír tu voz en silencio,
y soñar contigo despierto.
Me gusta imaginar tu abrazo en silencio,
pues te estoy queriendo en silencio...

En tu mirada

Sentado en el borde de la primavera...
Otra vez el sol, los caminos y la hierba.
Otra vez tus ojos en mis puertas.
Abrazarte y mirarte...
Y hundirme en tu mirada permanente.

Es amor

Camino hacia tu ventana
con el silencio de la lluvia
sobre mi paraguas,
alrededor de la oscuridad
de la mañana.
Camino hacia tu casa...

Camino hacia la sombra de tu imaginación,
hacia tus recuerdos, tus sueños,
hacia el espejo de tus ojos.
Hasta la puerta de tu corazón.
Mujer, si sientes lo mismo que yo,
lo llamaremos amor...

Es un silencio

Este amor que por ti siento
es un silencio,
que se agita a todas horas,
que despierta mi sombra
y pretende llenarme
de tu voz mi boca.

Este amor que por ti siento
es un silencio,
que abraza mi pecho,
llena mi sangre,
el pulso de mi corazón
y los latidos de mi imaginación.

Ahora quiero tu abrazo
de carne, huesos y calor.
Ahora quiero sentir tu mirada.
Ahora quiero sentir tu respiración.
Quiero sentir tu amor...

Estoy despierto

Estoy queriendo a tus ojos
cuando me miran...
Y a tus manos
cuando me señalan.
Estoy queriendo a tu sombra
cuando caminas...
Y a tu voz
cuando me nombras.
Estoy despierto, estoy soñando...
Y estoy queriendo a tu
corazón enamorado.

Estoy queriendo

En esta noche oscura,
camino hacia tu casa,
para oír tus palabras
y sentir tu mirada.
Hoy camino
hacia tus ventanas
para sentir tus manos.

Estoy queriendo a tus ojos
cuando me miran.
Y a tus manos
cuando me señalan.
Estoy queriendo a tu sombra
cuando caminas.
Y a tu voz
cuando me nombras.

Hacia ti

Me gusta oír la lluvia
desde mi cama.
Me gusta soñar contigo
desde mi almohada...
Caminando juntos bajo el paraguas,
bajo la lluvia de madrugada.

Este amor sin palabras
desgarra mi garganta,
me arranca el corazón con su mirada
y sangra mi pecho sin espada...

Ahora camino,
desde la oscuridad de la madrugada
hacia la oscuridad de tus ojos negros,
para sentir su abrazo
en mis pensamientos...
En mis sueños...

Hacia tu almohada

En las calles solitarias
y en la sombra de la plaza
hay un silencio infinito.
Noche oscura,
de puertas dormidas
y ventanas cerradas.
Los tejados
y las paredes calladas.
Ahora camino entre las casas
volando dormido...
Hacia tu almohada.

Hasta tu puerta

Camino hacia el borde de tus ojos…
Camino hacia el borde de tus palabras…
Camino hacia la puerta de tu respiración…
Camino hacia tus sueños…
Camino hacia tu imaginación…

La sombra de la Luna

En silencio voy caminando
por las calles dormidas,
recordando tu mirada
y el sonido de tus palabras...

Ahora solamente tengo,
solamente me has dejado
el cielo negro de madrugada,
la sombra de la luna
y tu espalda.

Lluvia de invierno

Voy caminando bajo esta lluvia de invierno.
La voz del agua
me acaricia y me abraza.
No hay luces ni sombras,
solamente color negro.
Voy caminando bajo esta lluvia de invierno,
con una mano en el paraguas,
y con la otra te espero...

Lo llamaremos amor

Camino hacia el borde de tus ojos,
y hasta la ventana de tu respiración...
Para caminar juntos
en los sueños de tu imaginación...
Si sientes lo mismo que yo
lo llamaremos amor.

Más allá de tu piel

En la madrugada
de este verano,
en un jardín desierto.
Estoy sentado en un banco,
el silencio entre las hojas,
tu cuerpo a mi lado,
y silencio en nuestras manos.

Quiero estar cerca de ti,
más allá de tu piel.
Más allá de mi piel...

Noche de lluvia

Camino entre el sonido de la lluvia,
hacia el paraguas de tus palabras.
Camino hacia las ventanas de tu corazón.
Voy volando con mi imaginación
hasta tu casa, hasta tu habitación.
Voy volando hasta tu almohada,
hasta tu colchón.
Más allá de mí, más allá...

.

Qué te quiero Valverde

Porque te quiero,
llevo el reflejo de tu aliento,
dentro de mis ojos,
dentro de mi pecho.

Porque te quiero,
te quiero ver,
y he adquirido internamente
tu forma de ser.

Porque te quiero,
cuando me miras
siento tu abrazo en mis costillas.

Porque te quiero,
siento tus dedos como los míos,
cuídamelos.

Valverde

En lo alto de mi imaginación
te espero...

Estoy queriendo
a tus pisadas en el viento,
a tus pisadas en los sueños,
y al silencio de tu sombra
de aquel tiempo.

Lo que siento por ti,
que mi corazón llena,
es como el cielo infinito
nublado de estrellas...

En lo alto de mi imaginación
te espero.

Volando dormido

En las calles solitarias
y en la sombra de la plaza
hay un silencio infinito.
Noche oscura,
de puertas dormidas
y ventanas cerradas.
Los tejados
y las paredes calladas.
Ahora camino entre las casas
volando dormido...

Recuerdo el color del cielo
de mis mañanas.
El bullicio del aire luminoso
de la plaza.
La acacia verde perenne
enraizada en mi mente,
junto a la fuente del agua.

Recuerdo las calles solitarias
de piedras compungidas
en las madrugadas.
Soledad y calma.
El tiempo descansa...

Volver a tu piel

Mis ojos acariciando tu cuerpo...
Mujer, si tú quieres también,
te llenaré de besos
de la cabeza a los pies.
Y volver a tu piel otra vez.

Volver a tus latidos

Suena la lluvia
en las calles desiertas.
Suena la lluvia
en la plaza abierta.
Suena la lluvia
en la oscuridad.

En esta noche oscura,
quiero escuchar tus palabras.
Quiero escuchar tu sonido...
Y volver a tus abrazos...
Volver otra vez a tus latidos.

Índice